UN MOYEN

DE

COLONISATION

> Des terres rendues disponibles par le cantonnement, la propriété individuelle constituée chez les indigènes, une grande sécurité dans nos destinées, voilà trois conditions indispensables de la prospérité de l'Algérie....................
>
> Avec la stabilité dans les institutions, avec des terres disponibles, l'agriculture va prendre un grand essor............
>
> Dans ces conditions, permettez-moi de saluer avec confiance l'avenir de notre belle colonie ; la perspective de ses splendeurs me séduit : elle est la constante, l'unique préoccupation de son gouvernement.
>
> (*Discours de M. Mercier - Lacombe, Conseiller d'État, Directeur Général des services civils. — Moniteur* de l'Algérie *du 27 mars 1862.)*

ALGER

BASTIDE, LIBRAIRE-ÉDITEUR.

PARIS

CHALLAMEL AÎNÉ, LIBRAIRE - ÉDITEUR

30, RUE DES BOULANGERS.

1862

UN MOYEN

DE

COLONISATION

ALGER. — TYPOGRAPHIE BASTIDE
PLACE DU GOUVERNEMENT.

UN MOYEN

DE

COLONISATION

> Des terres rendues disponibles par le cantonnement, la propriété individuelle constituée chez les indigènes, une grande sécurité dans nos destinées, voilà trois conditions indispensables de la prospérité de l'Algérie......................
>
> Avec la stabilité dans les institutions, avec des terres disponibles, l'agriculture va prendre un grand essor............
>
> Dans ces conditions, permettez-moi de saluer avec confiance l'avenir de notre belle colonie ; la perspective de ses splendeurs me séduit : elle est la constante, l'unique préoccupation de son gouvernement.
>
> (*Discours de M. Mercier - Lacombe , Conseiller d'État, Directeur Général des services civils.* — Moniteur de l'Algérie *du* 27 *mars* 1862.)

ALGER

BASTIDE, LIBRAIRE-ÉDITEUR.

PARIS

CHALLAMEL AÎNÉ, LIBRAIRE - ÉDITEUR

30. RUE DES BOULANGERS.

1862

UN MOYEN

DE

COLONISATION

I.

ESPÉRANCE.

Les paroles prononcées par le Chef de l'Administration civile et relatées en tête de cet opuscule, ont eu un heureux retentissement dans la Colonie.

Nous sommes de ceux qui attendent avec confiance l'effet de ces promesses.

Comment, en effet, ne pas avoir confiance dans une organisation administrative qui pourrait, à bon droit, prendre ces trois mots pour devise: gloire, capacité, dévouement.

On a dit souvent, et l'honorable général Daumas répétait naguère au Sénat ce que le maréchal duc d'Isly avait dit et écrit avant lui, à savoir : que la domination du pays était la base essentielle de la colonisation, que pour voyager, pour commercer, pour labourer, pour récolter, pour tirer parti, en un mot, des richesses matérielles du sol, la première de toutes les conditions, c'était d'avoir une sécurité complète, et l'ancien directeur des affaires de l'Algérie se hâtait d'ajouter : *de ce côté, nous n'avons rien à désirer ; une armée aguerrie, commandée par un chef illustre, nous donne toutes les garanties imaginables.*

Que nous importe, après cela, que le peuple vaincu puisse ou non réunir des contingents de guerre de 300,000 fantassins et de 80,000 cavaliers ?

De sa villa de Mustapha, notre glorieux maréchal ne domine-t-il pas l'Algérie tout entière ? Peut-on craindre, sous son Gouvernement, que des velléités belliqueuses se manifestent au sein des populations que son nom seul fait trembler, et qui s'inclinent devant sa volonté puissante comme devant la volonté de Dieu.

Oui, la sécurité du pays est complète, qu'on se le dise. On voyage dans nos contrées, de jour comme de nuit, avec non moins de quiétude que dans la mère-patrie.

Les circonstances, il faut le reconnaître, ne furent donc jamais plus favorables pour donner à la colonisation européenne les développements qu'elle comporte.

M. le duc de Malakoff, en choisissant, parmi toutes les capacités administratives de France, pour son Directeur général des Services civils, le préfet de la Vienne, c'est-à-dire un fonctionnaire qui avait laissé en Algérie une réputation d'administrateur aussi habile que probe,

et qui avait toujours passé pour le plus chaud et le plus
intelligent promoteur des institutions civiles, témoins,
sans compter ses actes, les intéressantes publications sur
l'Algérie, sorties de la plume de M. Mercier-Lacombe,
en faisant un pareil choix, disons-nous, le nouveau
Gouverneur général annonçait assez quelles seraient les
tendances de l'Administration nouvelle. De plus, l'Algérie
entendait, en même temps, sortir de la bouche de M. le
maréchal Pelissier cette déclaration solennelle, que tous
ses efforts tendraient à réaliser les espérances que la
nouvelle Administration avait fait concevoir. Et pour que
cette déclaration ne s'effaçât de la mémoire de personne,
il l'a inscrite en tête du recueil officiel des Actes de
son Gouvernement :

« Tout le dévouement de mon cœur, tous les efforts
» de mon travail et de mon intelligence s'emploieront à
» cette tâche, et mon ambition la plus vive sera de lancer
» l'Algérie dans une voie de prospérité. »

Ce n'est pas tout, le mécanisme gouvernemental exigeait qu'il y eût à Paris un Ministre, sinon responsable
des actes du Gouvernement général de l'Algérie, du moins
solidaire, jusqu'à un certain point, de ses propositions
qu'il devait contresigner et soumettre à l'approbation de
l'Empereur. Et voilà que, heureusement pour l'Algérie,
cette attribution a été dévolue à celui de tous les Ministres
de la guerre qui s'est occupé avec le plus de sollicitude
des affaires de la Colonie, à un Ministre, ancien Gouverneur général, qui a fait beaucoup pour le pays et
qui aurait fait plus encore sans la suppression du Gouvernement général, avec laquelle finit, en 1858, son
mandat ; c'est dire que l'Algérie ne saurait avoir, auprès

du Chef de l'État, un meilleur organe que la voix amie et si sympathique à ses intérêts de M. le maréchal Randon.

Si parfois les Algériens, impatients d'arriver au but, sont injustes dans leurs récriminations contre les Administrateurs du pays qu'ils rendent responsables de toutes leurs déceptions, de la pluie comme de la sécheresse, lorsque le calme de la réflexion succède à cette fougue de leur imagination, ils redeviennent justes dans leurs appréciations et parlent avec l'expression respectueuse d'une gratitude sincère des Administrateurs qui, comme M. le maréchal Randon, s'étaient voués corps et âme aux affaires du pays, où il a laissé des monuments durables de son passage.

Oui, nous le proclamons bien haut, nous avons une foi pleine et entière dans cette trinité administrative.

Ainsi donc, il faut le reconnaître, au point de vue des hommes, comme au point de vue des principes, l'organisation administrative de l'Algérie, la meilleure, assurément, que nous ayons eue jusqu'ici, nous paraît constituée de façon à répondre à tous les besoins, à tous les progrès.

Les importantes questions qu'elle a mises à l'étude ou résolues pendant l'année qui vient de s'écouler, sont autant de jalons qui indiquent la voie qu'elle va suivre et permettent d'espérer qu'elle atteindra le but qu'elle poursuit: constitution de la propriété chez les Indigènes, remaniement des impôts arabes, question cotonnière, questions forestières, questions douanières, questions d'immigrations, etc., il est peu de sujets, enfin, qui soient restés en dehors de ses investigations.

De tous ces sujets, le plus difficile, assurément, est celui qui se rattache au peuplement du pays.

Des essais ont été tentés, dans ces derniers temps, pour détourner vers l'Algérie le courant de l'émigration allemande. Rien ne prouve encore que ces essais aient été couronnés de succès; mais, qu'ils réussissent ou non, ce n'est pas une raison pour n'en pas tenter d'autres; nous croyons que tous les moyens de peuplement ou de colonisation, pour nous ces deux mots sont synonymes, doivent être pratiqués, du moment où ils auront été reconnus praticables; et c'est dans le but d'en indiquer un que nous avons publié le projet qu'on va lire.

II.

L'ÉTAT, LES CAPITAUX ET LES BRAS.

Loin de nous la pensée de nier les progrès accomplis, ces progrès, quoiqu'en disent certains détracteurs systématiques, sont immenses, eu égard aux difficultés de toute nature en présence desquelles administrateurs et colons se sont trouvés.

Néanmoins, on ne peut se dissimuler l'insuffisance des moyens de colonisation employés jusqu'à présent.

En effet, le gouvernement essaya d'abord des capitalistes

et des travailleurs, par de grandes et de petites concessions.

Les capitalistes ont été écrasés par le salaire de la main-d'œuvre, rare, chère, mauvaise, et qui le sera probablement toujours, parce que les bons ouvriers ne viennent en Algérie que pour y *devenir propriétaires*.

Les travailleurs, à leur tour, ont été arrêtés tout court faute du capital de 4 à 5,000 fr. nécessaire pour bâtir la maison, acheter les outils et bestiaux, et vivre en attendant les récoltes.

Le décret du 19 septembre 1848 imagina alors d'installer les familles aux frais de l'Etat.

Ce système, tout de circonstance, ne pouvait aboutir; car, à 5,000 fr. par famille, les 500,000 familles que comporte l'Algérie auraient coûté 2 milliards 500 millions.

Évidemment, l'État ne peut faire un tel déboursé.

Le principe des colonies agricoles a donc été justement abandonné.

On s'était en vain flatté de pouvoir diminuer la subvention: une fois engagé, on aurait été fatalement entraîné, comme on l'a été pour les colonies agricoles, où la dépense a fini par excéder 5,000 fr. par famille.

Et puis, la subvention fût-elle réduite à 1,000 fr., les 500,000 familles coûteraient encore 500 millions!

Les subventions ne peuvent être érigées en système. Aussi le gouvernement y a-t-il renoncé.

On a parlé de banques agricoles!

Les banques, qui ne prêtent qu'à courte échéance, sont bonnes pour le commerce; non pour l'agriculture, qui ne peut emprunter qu'à long terme.

Si la banque immobilisait ses écus en placement à longue durée, il lui faudrait un capital énorme.

Qui le fournirait?

Autoriserait-on la banque à augmenter son capital par la création de valeurs au porteur?

Ce serait s'exposer à trop de risques : « La faculté d'émettre du papier-monnaie à des agences qui semblent ne jamais devoir conserver du numéraire en caisse, dit M. Royer, dans son livre *Des Institutions de Crédit foncier en Allemagne et en Belgique,* pourrait avoir les plus graves inconvénients. Il pourrait arriver qu'une panique fît présenter inopinément à la banque tout son papier circulant, et l'on ne voit pas clairement comment elle éviterait une suspension de paiement qui entraînerait son discrédit et sa ruine. »

D'ailleurs, les sols nus et en friche de l'Algérie, qu'il s'agit de fertiliser, ne sont pas des gages hypothécaires suffisants.

Il y aurait de nombreuses et inévitables non-valeurs, par suite desquelles le capital factice aurait bientôt dévoré le capital réel.

Ou la banque prêterait à bon marché, et elle se ruinerait.

Ou elle prêterait à haut intérêt, et elle ruinerait l'agriculture.

Le prêt hypothécaire n'est qu'une ressource accessoire pour activer l'œuvre de celui qui a préalablement créé une valeur hypothécaire.

En résumé, les systèmes employés jusqu'à ce jour sont ou impuissants, ou d'une désespérante lenteur.

En Algérie, la rapidité des progrès doit être en proportion de l'énormité de la dépense.

Il est temps que la colonisation, en amenant sur le sol algérien une population compacte, exonère la France de l'obligation d'entretenir, pour la défendre, une armée considérable.

Tout système de colonisation exige de l'argent.

Or, voici le bilan de la situation actuelle. Nous le trouvons dans le dernier discours de M. le général Daumas que nous avons déjà cité :

« L'État ne peut ou ne veut pas donner son argent.

« Les propriétaires algériens n'ont pas d'argent.

« Et les familles agricoles qui ont de l'argent ne veulent pas quitter leur pays. »

En attendant, le pays souffre.

Cette situation, ce n'est pas le gouvernement actuel qui l'a faite; il la subit. Sa responsabilité n'y est pas moins engagée.

Y a-t-il un moyen pratique de sortir d'embarras?

Ce moyen est dans toutes les bouches, c'est le concert de l'État, des capitaux et des bras :

L'État pour fournir aux capitaux et aux bras d'indispensables encouragements ;

Les capitaux pour avancer aux bras l'argent qui leur manque ;

Les bras, pour prêter une main-d'œuvre non salariée.

Un éminent homme d'État, dont le nom a été longtemps mêlé aux affaires de la France, M. Thiers, avait rangé la colonisation de l'Algérie parmi les moyens d'assistance publique. Ce serait assurément le plus efficace de tous.

A l'honneur de l'humanité, rendre heureux en Algérie ceux qui souffrent en France; aux nécessités de l'intérêt politique, transformer, par l'aisance, en élémens d'ordre ceux que chez nous la misère rend turbulens; (il serait superflu de rappeler ici l'intérêt qu'a la France de conserver par l'utilisation de l'Algérie un grand pays et 250 lieues de côtes sur la Méditerranée;) à la prospérité de l'industrie nationale, créer pour les produits des consommateurs nouveaux; de dépenses, à peu près perdues, jusqu'à présent, faire un placement à intérêt par la création d'une matière imposable, qui finira par enrichir le Trésor; préparer la diminution successive de l'armée par le peuplement du pays; d'une cause d'affaiblissement, faire une force pour la France; fonder un empire, et prouver au monde, qui nous regarde, que la France n'est pas incapable de fonder. Tel est le but! Et ce but est assez grand pour que la France ne regrette pas les sacrifices à faire pour l'Algérie.

La colonisation de l'Algérie est donc une affaire d'humanité, de haute politique, de salut public. Elle offre la gloire la plus pure et la plus solide à l'homme d'État qui comprendra le rôle de créateur.

Pour la colonisation civile, on a tour à tour essayé des capitalistes et des travailleurs.

Les capitalistes ont été écrasés par le salaire de la main-d'œuvre.

« Insensé, écrivait en 1849, M. Fortin d'Ivry, de regrettable mémoire, un des grands propriétaires de l'Algérie, insensé est celui qui entreprend des cultures étendues, sans être sûr de la main-d'œuvre considérable qu'elles nécessitent en plusieurs saisons. Or, en Algérie, c'est une difficulté insurmontable, puisque la population rurale n'y existe pas ou à peine sur un petit nombre de points. »

Les travailleurs ont été paralysés par le défaut d'installation suffisante et par le manque de vivres en attendant les récoltes.

La colonisation, aux frais de l'État, est une immense chimère. Des rapports officiels ont constaté qu'elle exigeait 5,243 francs par famille, c'est-à-dire des milliards que l'État n'a pas, et que l'industrie privée peut seule fournir.

L'État, les capitaux, les bras, sont trois forces qui, isolément, sont impuissantes, mais qui, réunies dans un effort commun, se compléteront, se vivifieront les unes par les autres : cherchons les moyens d'organiser ce concert, condition du succès.

III.

MISSION DE L'ÉTAT.

La mission de l'État est d'encourager, de faire faire. Il encouragera d'abord par les travaux d'utilité publique, ensuite par la concession gratuite, ou la vente à prix excessivement réduit, de terres de bonne qualité.

Enfin l'État encouragera par l'assistance directe tantôt morale, tantôt matérielle.

L'argent est la base de tout système de colonisation. Le Gouvernement aura donc à suppléer à l'insuffisance des ressources budgétaires par les capitaux privés et devra s'ingénier à les attirer. Mais les capitaux réels s'abstiennent! Serait-ce l'Algérie qui les effraie? Non. Ils iront à Suez faire des canaux et des chemins de fer, ils iront d'eux-mêmes partout où il y aura profit à faire. Ce qui les retient, c'est l'incrédulité touchant les bénéfices de l'agriculture algérienne. Sachez leur démontrer *combien* et *comment* il y a à gagner, et ils arriveront en masse.

Nous en dirons autant des bons ouvriers, qui ne se dépaysent qu'à bon escient. C'est à l'administration de dissiper l'ignorance spéciale.

Les hommes sérieux sont prudents et veulent être parfaitement édifiés sur les moindres détails.

L'administration nouvelle de l'Algérie, dont la pensée et les tendances se révèlent dans les quelques lignes placées en tête de cet opuscule, s'est mise en mesure d'éclairer sur ce point l'opinion publique en s'éclairant elle-même. C'était hier une circulaire de M. le Maréchal duc de Malakoff, prescrivant l'établissement dans toute l'Algérie d'une statistique industrielle et agricole; c'est aujourd'hui la publication d'un excellent petit livre, répandu à profusion en France et à l'exposition universelle de Londres, ayant pour titre : *État actuel de l'Algérie*, espèce de mémorandum des produits divers que l'on peut demander au sol algérien.

Nous ne pouvons qu'engager l'administration à persévérer dans la publication de ces sortes de documents, afin de tenir constamment l'opinion publique en haleine et au courant des faits intéressant les progrès du pays réalisés ou à réaliser.

Vous avez besoin que l'industrie privée vous vienne en aide. En ce cas instruisez-la; faites-lui toucher du doigt les détails et les avantages de l'affaire; apprenez-lui tout ce qui est propre à entraîner sa conviction. Faites ce que fait tout établissement qui se fonde sous les auspices du public; répandez à profusion et sans cesse vos prospectus, cela ne vous coûtera pas bien cher et ce sera de l'argent bien employé.

IV.

PETITE CULTURE.

L'État doit encourager, mais il a le droit et le devoir de n'encourager que selon l'intérêt public. Or, à quoi poussera-t-il, à la petite ou à la grande culture?

En thèse générale, la petite culture est préférable à la grande, parce que : 1° les petites exploitations, exigeant des cultures perfectionnées et donnant des récoltes plus riches, sont les plus productives.

2° La petite culture, loin de diminuer le nombre des bestiaux, en entretient, en définitive, plus que la grande.

D'ailleurs, il y a une question qui domine toutes les autres, disait le maréchal Bugeaud, grand partisan de la petite culture pour l'Algérie :

« *C'est celle de la force vis-à-vis des Arabes ; sans la* » *sécurité, aucun genre de culture n'est possible. Il n'est* » *pas besoin de grands raisonnements pour faire com-* » *prendre qu'une population, pressée sur le sol, est plus* » *forte qu'une population clairsemée.* »

Le général Duvivier, qui était aussi un homme fort compétent, écrivait de son côté en 1841, dans son livre ayant pour titre *Solution de la question de l'Algérie.* « La colonisation devra avoir pour but de couvrir successivement la terre de bras forts, possédant, cultivant par eux-mêmes. C'est de la petite propriété, et uniquement de la petite propriété qu'il faut d'ici à un long temps . . . . Les colons devront donc être de petits propriétaires et, pour leur donner de la consistance par eux-mêmes, ils devront être groupés à portée les uns des autres, de manière à concourir tous instantanément à leur défense commune. » (page 115.)

C'est évident, en effet.

Il y a une autre raison : l'Algérie n'offre plus les mêmes ressources territoriales que l'immense Amérique. Les terres concessibles y sont restreintes; il faut donc en tirer le plus grand parti possible.

D'un autre côté, les travaux publics à exécuter par l'État sont dispendieux.

Ces travaux, pour aider réellement l'agriculture, devront être sérieux et complets. C'est de là que dépend le succès des premiers colons, et, ne l'oublions pas, c'est des premiers succès que dépend l'avenir de la colonisation.

Imitons, à cet égard, les Romains qui furent de grands colonisateurs : « Ils possédaient, à un haut degré, dit M. Azéma de Montgravier, dans un mémoire remarquable, publié en 1847, l'art d'augmenter, par l'industrie agricole, les richesses du sol conquis par les armes; ces travaux d'art, simples et grandioses, qui assurent de bonnes conditions d'existence aux cités et la prospérité des campagnes, aqueducs, réservoirs, barrages, canaux d'irrigation, leur étaient familiers, et dans les provinces d'Afrique, surtout, la science des constructions devint souvent leur auxiliaire. Les avantages et les inconvénients que présente ce pays leur furent d'abord dévoilés. En présence d'une terre arrosée par des cours d'eau faibles en été, torrentueux en hiver, où l'eau des pluies est inconnue pendant la plus grande partie de l'année, ils comprirent que sa fertilité ne les dispensait pas d'essayer, par leurs travaux, de corriger la nature. Par leurs soins, les villes se couvrirent de citernes et d'aqueducs; les campagnes de chaussées et de canaux. »

Les travaux à exécuter par l'État coûteront tout autant, soit qu'ils ne servent qu'à quelques-uns, soit qu'ils profitent au grand nombre.

S'il arrive que, sur un territoire donné, il n'y ait que le *dixième* de la population et des cultures que ce territoire pourrait contenir (le cours des travaux publics demeurant le même), la dépense de l'État, par tête de colon, s'élèvera alors *dix fois* plus haut, et les résultats seront *dix fois* moindres que si le tout était parfaitement peuplé et cultivé. Ceci est de l'arithmétique.

De là, cette alternative, ou de travaux publics incomplets, ce qui ruinerait la colonisation, ou de l'excès de la dépense, ce qui ruinerait le Trésor.

Ainsi, toutes les considérations se réunissent pour conseiller l'exploitation en petit et par familles.

L'unique, mais la grande difficulté consiste à installer les familles, qui forment la base de l'entreprise.

C'est ici que se manifeste la nécessité, que nous avons signalée plus haut, de l'énergique concours de ces trois forces : l'État, les capitaux, les bras.

V.

EXPOSÉ D'UN SYSTÈME.

Pour apprécier la mission respective des capitaux et des bras, vérifions leurs aptitudes et leurs tendances diverses.

Ce qui est facile aux uns est difficile aux autres, *et vice-versâ*.

L'exploitation salariée serait onéreuse aux capitalistes; ils auront à s'en abstenir.

Les bras, au contraire, lorsqu'ils travaillent par eux-mêmes, sont excellents pour l'exploitation; ce qui les arrête tout court, c'est le manque d'argent pour bâtir la maison, acheter le mobilier et les bestiaux, pour fonder, en un mot.

Pour les capitaux, rien de plus aisé que de fonder. Et il y a lieu de remarquer que, plus on fondera en grand, moins il en coûtera. Supposons un capitaliste ayant 200 familles à installer, 200 maisons à construire.

Au lieu d'acheter la chaux mètre à mètre et les planches par douzaine, plus les frais de transport, il fera des fours à chaux, des briqueteries qui réduiront d'au moins moitié le prix de revient, il achètera un chargement de bois ; de fortes concurrences lui vaudront de grands rabais sur le prix de la menuiserie, de la serrurerie, de l'outillage, et des denrées de toute nature.

Avec 5,000 francs, le capitaliste, opérant en gros, obtiendra une installation plus complète et meilleure, que ne le ferait une famille ayant 7 à 8,000 francs, mais achetant tout en détail.

Jusqu'à présent, la question se résume en ces deux principes : Exploiter en petit, mais fonder en grand.

Pour fonder en grand, il faut de grands capitaux, qu'un seul ne consentira pas à apporter, aux débuts, du moins, de la colonisation.

Or, toutes les grandes créations, chemins de fer, canaux, mines, etc., se font par association.

L'association offrira l'avantage particulier de réduire les frais généraux, tout en faisant mieux.

Elle diminuera le nombre des gérants ; et, par une rémunération plus élevée, permettra de faire de meilleurs choix : chose capitale ; car la difficulté de trouver une multitude de bons gérants est l'une des grandes difficultés de la colonisation, pour les capitaux opérant séparément.

Pour que l'association soit acceptée, il faudra la conformer aux goûts des hommes de finances. On entrera dans leurs vues, en leur offrant une opération claire et simple, qui évite les détails de culture pour s'en tenir aux frais de premier établissement, où tout peut se calculer à l'avance et avec précision.

D'un autre côté, les financiers se soucient peu d'immobiliser leurs écus. On ne déterminera leur concours qu'en y attachant un caractère commercial et en rendant, pour eux, l'affaire réalisable à bref délai.

Enfin, ce qu'ambitionnent les paysans, c'est de devenir propriétaires. Il importe de satisfaire ce désir, en sauvegardant les intérêts des capitalistes qui fourniront les fonds; car, s'il n'y a pas profit pour les capitalistes, ils continueront de s'abstenir.

Cherchons une combinaison qui concilie ces divers intérêts.

Il importe, avant tout, que les travailleurs deviennent propriétaires en Algérie.

Pour prospérer, dans les villages que fonde l'administration, ils ont besoin de 4 à 5,000 francs. Ils ne possèdent pas cette somme. L'Etat ne peut la donner, il s'agit de la leur faire gagner chez les capitalistes.

Supposons donc une compagnie, au capital d'un million.

On lui ferait une concession gratuite de 3,000 hectares de terres cultivables, sous la condition d'y établir 200 fermes.

Pour chaque ferme, la compagnie devrait bâtir le logement et acheter le mobilier, ustensiles et bestiaux.

Dans chaque ferme serait installée une famille, à la-

quelle on donnerait une étendue de terres proportionnée
à la force de ses bras, ni plus, ni moins que ce qu'elle
peut bien cultiver.

On réserverait quelques centaines d'hectares pour les
artisans, qui viendraient plus tard s'adjoindre à la population agricole, et auxquels on donnerait un jardin.

La compagnie avancerait aux familles, pour la première année, les aliments de première nécessité.

En y comprenant la plantation d'arbres, ce serait une
dépense d'environ 5,000 francs pour 15 hectares.

Il se formerait, entre la compagnie et chaque famille,
une association dont, sous le nom de colon partiaire,
le type se trouve au code Nap., mais où la famille
aurait une part plus élevée, à savoir : la totalité des
fruits et récoltes obtenus *pendant cinq ans*, durée de
l'association.

L'État interviendrait pour promettre les encouragements
dont nous avons parlé ci-dessus, § III, et spécialement
pour garantir aux familles une concession gratuite de
terres dans les villages administratifs, aussitôt qu'elles
auraient gagné les 4 ou 5,000 francs nécessaires pour
y réussir; ce serait la prime du travail.

Les familles trouvant, dès leur arrivée, maison, ma-
tériel et vivres assurés; pouvant travailler de suite avec
aisance, doublement excitées par l'attrait d'abord de la
totalité des produits, ensuite par la perspective de la
propriété, dont elles pourront rapprocher la jouissance
par l'énergie de leurs efforts; aidées surtout par les
encouragements administratifs; grâces enfin à la fertilité
du sol, à la variété et à la richesse des produits, les
familles dans les cinq ans, les dernières années com-

pensant les premières, gagneront les 4 à 5,000 francs voulus. C'est alors qu'on leur ferait une concession dans les villages administratifs, où, avec leur pécule et leur expérience, elles seraient sûres de réussir. Quant à la Compagnie, elle aurait pour sa part l'amélioration foncière du sol, c'est à dire 200 fermes, dont chacune en moyenne, au bout de 5 ans, sans déboursé pour main-d'œuvre, aurait été mise en état de produire au moins 1,500 francs par an.

Cette combinaison affranchirait de perte les capitaux respectivement apportés.

Au bout des cinq ans, les familles auront donc quitté les fermes. Qu'en feront les capitalistes associés?

Les uns voudront garder leur part en nature, et rien ne sera plus facilement partageable qu'une terre divisée en 200 portions. Ceux-là auront l'avantage d'avoir créé une propriété, avec moins de risques, à meilleur marché que s'ils avaient opéré isolément. Ce seront les grands propriétaires de l'endroit.

Les autres, les financiers surtout, le grand nombre, aimeront mieux réaliser: ils vendront.

Nous croyons que la ferme de 15 hectares sera d'un rapport annuel de 1,500 francs. La compagnie les vendrait 15,000 francs; on trouve toujours acquéreur sur le pied de 10 0[0. La compagnie, ayant dépensé 5,000 francs et vendant 15,000 francs, elle triplerait son argent.

Ne fît-elle que le doubler, l'affaire serait encore bonne.

Or, les acheteurs sont tout trouvés dans les petits propriétaires de France. Ceci est capital.

En France, la terre rapporte au plus 3 p. 0[0. Un homme n'ayant que 15,000 francs de biens, soit 400 francs de revenu, ne peut assurer l'avenir de ses enfants, quand ils sont nombreux. De là, cette émigration des jeunes gens vers les villes.

Plusieurs de ces pères de famille ont tourné les yeux vers l'Algérie. Ils ne veulent pas de concessions, même gratuites, s'il leur faut préalablement vendre leur patrimoine pour défricher, expérimenter. Mais, lorsqu'on leur expose les profits à tirer de l'agriculture algérienne, ils ne manquent pas de répondre : « Avez-vous des propriétés toutes faites rapportant 10 p. 0[0 ? Nous vendrons de suite et de grand cœur nos biens, pour les acheter à ce taux ! »

Les acheteurs sont donc tout prêts.

———————

VI.

RÉSULTATS DU SYSTÊME.

Ce système remplit les conditions ci-dessus indiquées.

Il réalise le concert des trois forces : l'État, les capitaux et les bras, en donnant à chacune d'elles toute l'énergie dont elles sont capables.

Il est le plus propre à attirer les capitaux par l'appât d'entreprises lucratives et promptement réalisables.

Il offre la propriété au travailleur sans léser le capitaliste.

Il résout ce problème, d'où dépend la réussite : fonder en grand, exploiter en petit.

Par la petite culture, il produit l'agriculture la plus riche, celle qui donnera du travail à tous les artisans et industriels, qui créera de nouveaux consommateurs pour nos manufactures, qui fondera une matière imposable, et qui, enfin, par le peuplement, préparera la réduction de l'armée.

Il offre, non-seulement le plus énergique, mais aussi le moins onéreux des moyens d'assistance publique, en rendant, d'une part, la colonisation productive pour le Trésor, et, d'un autre côté, en amenant l'industrie privée à se charger de la majeure partie des frais de fondation.

En effet, dans ce système, l'État se débarrasserait sur les capitalistes de l'impossible fardeau de la colonisation à ses frais. Il en ferait des fabricants de fermes, et se servirait de leurs écus pour fonder la petite propriété, celle qui produit et peuple le plus.

Les établissements des capitalistes formeraient des pépinières de colons, entrés prolétaires, sortis concessionnaires, acclimatés, expérimentés, dont le succès serait certain et dont l'établissement ne coûterait rien à l'État.

A cette première couche de colons, les capitalistes en feraient succéder une seconde, ne coûtant également rien à l'État, celle de leurs acquéreurs.

Et, si les capitalistes trouvaient profit au métier, ils y prendraient goût, et la colonisation finirait par se faire d'elle-même, vigoureuse et rapide.

VII.

NÉCESSITÉ D'UN ESSAI.

Quels que soient les enseignements donnés, les encouragements offerts, les résultats promis, on ne saurait se le dissimuler, le grand flot des capitaux ne se portera pas en Algérie, tant que quelques entreprises heureuses ne seront pas venues démontrer le tant pour cent, à retirer des établissements agricoles en Algérie et faire connaître les procédés pratiques à employer, pour réaliser ce tant pour cent.

Les bons ouvriers sont dans la même disposition d'esprit. Ils n'y viendront, d'eux-mêmes, que lorsque les lettres, timbrées de l'Algérie, apprendront aux parents et amis de France, que l'Algérie est réellement une nouvelle France et qu'on y vit heureux.

De la sorte, les sacrifices de l'État seront modérés et auront un terme.

Au premier entrepreneur on ferait des avantages particuliers, soit par la prestation d'une subvention, soit par la garantie, tant d'un minimum d'intérêt, que de l'amortissement du capital engagé, en cas d'insuffisance du produit de la vente des fermes. Lorsque la France a voulu mener à bonne fin l'entreprise gigantesque des chemins de fer, a-t-il été dit dans la dernière discussion du Sénat sur les affaires de l'Algérie, est-ce qu'elle a reculé devant les sacrifices? Est-ce qu'elle a hésité à concéder d'énormes avantages aux capitaux qui s'engageaient dans cette grosse affaire? Non, subventions, monopoles, minimums d'intérêt, elle a tout accordé sans réserve, et ses chemins de fer ont été faits (*Moniteur Universel* du 27 février 1862). A raison des difficultés inhérentes à toute expérimentation première, et, pour éviter tout soupçon de favoritisme, on offrirait ces avantages à quiconque voudrait souscrire à l'entreprise. On donnerait moins à ceux qui, venus après, profiteraient des leçons et des fautes même des premiers expérimentateurs; pour, enfin, n'avoir plus rien à donner à personne, attendu que les succès et les moyens de réussite étant bien constatés, les capitaux viendront s'offrir d'eux-mêmes.

Craindrait-on que les premiers expérimentateurs eux-mêmes ne répondissent pas à l'appel?

Sans doute, s'il nous fallait *de suite* cent millions de capitaux privés et vingt mille familles, on ne devrait pas y compter.

Mais, pour commencer, il ne faut qu'un million et deux cents familles, et ce nombre sera facilement trouvé, si le Gouvernement prend l'affaire à cœur.

Il suffit donc que nos résultats soient probables, pour mériter d'être essayés.

Mais, dira-t-on, les travailleurs ne gagneront pas, en cinq ans, les 4 à 5,000 francs voulus!

Attendez donc que l'épreuve soit faite, pour savoir à quoi vous en tenir; et l'importance des résultats vaut bien une épreuve.

En fait, grâce à la richesse et à la variété des produits, céréales, tabacs, cotons, etc., etc., dix hectares de terres convenablement travaillés, pour une famille dégrevée de loyers et de frais de main-d'œuvre, doivent donner un bénéfice de 1,000 francs par an, les dernières années compensant les premières.

Sans doute, des paysans abandonnés à eux-mêmes, comme l'étaient ceux des anciens villages, auraient de la peine à économiser.

Mais, indépendamment des avantages faits par les capitalistes, il faut bien tenir compte aussi de l'effet des encouragements à prodiguer par l'Administration.

C'est l'émulation qu'il s'agit principalement de surexciter. On y parviendra en fondant des prix en nombre suffisant, pour ne décourager aucune ambition. Ces prix seraient décernés en grande pompe, sur l'avis du jury, par le Préfet lui-même, à la suite d'une fête. L'amour-propre est de toutes les conditions; on le trouve au village comme à la ville.

Quoi qu'il en soit, nous croyons que, si l'affaire est bien menée, cinq ans suffiront pour gagner les 4 ou 5,000 francs.

Mais nous poserons volontiers la question en d'autres termes; sachons, par une expérience, combien la famille peut économiser en cinq ans?

Enfin, de trois choses l'une :

Ou l'expérimentation échouera, et alors on n'ira pas plus loin.

Ou elle aura un succès ordinaire, et l'État jugera, d'après les résultats, s'il convient de s'arrêter ou de continuer.

Ou bien le succès sera éclatant, décisif, et un immense problème aura été résolu. L'impulsion sera donnée.

En résumé, y a-t-il, pour attirer les capitaux, un autre moyen que le nôtre? — Qu'on l'indique.

Notre moyen est-il le seul connu? — Qu'on l'emploie.

D'un autre côté, songez à la gloire qui attend le colonisateur de l'Algérie!

Cette gloire, l'emploi du système proposé peut la donner, si ce système réussit.

Douteriez-vous?

Ayez raison du doute par un essai. Qu'en coûtera-t-il, après tout?

Presque rien, comparativement à tant de millions déjà sacrifiés.

VIII.

DISPONIBILITÉ DES TERRES.

Mais où prendre les terres pour faire cet essai de colonisation, et ultérieurement, s'il y a lieu, l'application du système sur une vaste échelle?

Ces terres s'obtiendront par les opérations du cantonnement, ou, pour parler un langage que certaines oreilles préfèrent entendre, par les opérations de la constitution de la propriété individuelle dans les tribus.

Pourquoi ne pas dire, ce qui serait tout aussi exact, que c'est la colonisation indigène qui les donnera à la colonisation Européenne.

Dans une brochure récemment publiée par M. Leblanc de Prébois, ex-représentant de l'Algérie à l'Assemblée

Constituante, et que le nom de son auteur recommandait à l'attention des Algériens : *Langueur de l'Algérie, ses causes et le moyen d'y remédier,* publication pleine de talent, mais dont l'effet doit être de discréditer l'Algérie plutôt que de la faire aimer, on indique un moyen beaucoup moins économique ; mais, au dire de son auteur, beaucoup plus légal.

On lit en effet dans la brochure en question, page 25, que, pour installer un million de colons en Algérie, il faudrait environ trois millions d'hectares, à raison de quinze à vingt par famille de six personnes.

Pas d'objections contre ces premiers calculs, mais continuons :

« Pour obtenir ces trois millions d'hectares nécessaires
» à la colonisation, il faut les acheter et non les prendre
» par le cantonnement, dont nous avons signalé le carac-
» tère odieux, comme spoliation, et dangereux, comme
» devant amener la ruine des Arabes et, conséquemment,
» une guerre d'extermination. *Trois millions d'hectares,*
» *achetés à raison de 30 francs l'hectare, forment une*
» *somme à payer de 90 millions.* »

Quatre-vingt-dix millions !!....

Si ce moyen est au nombre de ceux qui doivent guérir l'Algérie de sa langueur, il est fort à craindre que la France ne trouve beaucoup trop cher le traitement de la malade, et nous croyons qu'il est prudent de chercher à sauver l'Algérie sans cela.

Admettons un instant avec M. de Prébois, ce que nous contestons avec beaucoup d'hommes éminents et surtout fort compétents, qui se sont occupés du droit de propriété des tribus sur les terres qu'elles détiennent,

admettons un instant qu'elles soient réellement propriétaires du sol qu'elles cultivent et que, pour les en déposs-
séder, il faille recourir aux règles du droit commun.

Le droit commun autorise l'expropriation pour cause
d'utilité publique, or la loi du 17 juin 1841, que vous
invoquez pour imposer au trésor public la charge
d'acquisitions de terres, s'élevant à 90 millions, contient
un article 20 ainsi conçu :

« Il sera toujours tenu compte, dans le règlement des
» indemnités, de la plus value résultant de l'exécution
» des travaux pour la partie de l'immeuble qui n'aura
» pas été atteint par l'expropriation. La plus value
» pourra être admise jusqu'à concurrence du montant
» total des indemnités, et, dans aucun cas, elle ne
» pourra motiver le paiement d'une soulte par le pro-
» priétaire exproprié. »

Il est facile de comprendre, après cela, que le principe
de la plus value, légalement, loyalement appliqué rendrait,
sans bourse délier, l'État propriétaire des terres dont il
a besoin, attendu, qu'en raisonnant sur les chiffres de
M. de Prébois, il pourrait dire aux tribus : « sur les douze
millions d'hectares dont vous jouissez, j'en prends trois
millions. Mais la valeur de ces trois millions, calculée
à raison de 30 francs l'hectare, n'atteint pas le chiffre
de la plus value acquise aux neuf millions qui vous
restent, par suite et de l'exécution des travaux publics
de toute nature que va comporter l'implantation d'une
population européenne, routes, ponts, desséchements,
barrages, et par les avantages que vos propriétés vont
retirer du voisinage de cette population. Le montant de
votre indemnité se trouve donc compensé, et au-delà,

par celui de cette plus value, partant nous sommes quittes. »

Nous demandons aux adversaires les plus obstinés du cantonnement, qui font grand bruit de la prétendue violation du droit de propriété que, d'après eux, l'Administration se disposerait à accomplir, de vouloir bien, la main sur la conscience, comparer la mesure très-légale dont il vient d'être parlé avec celle que le Gouvernement se prépare à faire édicter et qui, pour me servir des expressions du Conseil Supérieur de l'Algérie, « doit avoir pour but principal de faciliter la régéné-» ration du peuple indigène en l'initiant aux bienfaits de » la propriété individuelle, de favoriser le développement » de la colonisation au moyen d'un prélèvement sur les » terres *Arch,* au profit de l'État, qui convertira en » droit de propriété individuelle les droits de jouissance » collectifs. »

Pour tout homme de sens, la mesure projetée, inspirée par une pensée grande, généreuse, féconde, ne sera-t-elle pas cent fois préférable, pour les populations indigènes, à la procédure d'une incontestable légalité, que nous avons rappelée ci-dessus et qu'on pourrait leur appliquer?

Ne sera-t-elle pas d'ailleurs un acheminement vers la réalisation de ce magnifique programme, tracé par l'Empereur lors de son voyage à Alger : « Élever les Arabes » à la dignité d'hommes libres, répandre sur eux l'in-» struction, tout en respectant leur religion, améliorer » leur existence en faisant sortir de cette terre tous les » trésors que la Providence y a enfouis, et qu'un mauvais » gouvernement laissait stériles, telle est notre mission : » nous n'y faillirons pas. »

Du reste, cette polémique sur la propriété territoriale des tribus donne lieu à cette particularité remarquable, que les avocats de la cause indigène se montrent de moins bonne composition que les parties intéressées elles-mêmes : qu'on explique, en effet, à un indigène autre qu'un chef de tribu, le mécanisme de l'opération, et il n'en est pas un qui ne s'en trouve satisfait. Tous se réjouissent à cette pensée qu'ils ne seront plus subordonnés, quant à la jouissance et à l'exploitation des terres, au bon vouloir du cheikh, qu'ils seront maîtres de leur champ et que personne, même le beylick, ne pourra le leur prendre sans en payer la valeur.

On a dit que les droits des propriétaires indigènes se trouvaient protégés, et par la loi du 17 juin 1851, et par la capitulation d'Alger.

Nous ne rappellerons pas les arguments qui ont été mis en avant pour et contre cette thèse ; nous croyons seulement qu'en ce qui concerne la loi sur la propriété, on a trop souvent confondu les droits de jouissance avec les droits de propriété, et que les commentateurs de l'art. 11 ont voulu faire dire à la loi plus qu'elle n'a voulu dire. Elle s'est contentée, d'après M. Dareste, qui a écrit, lui, son commentaire de la loi du 17 juin 1851, presque sous les yeux des auteurs mêmes de la loi et avec les documents officiels qui ont servi à son élaboration, elle s'est contentée de consacrer les droits existants, sans vouloir les définir ; car, ajoute ce jurisconsulte, « ces tribus ou fractions de tribus détiennent le sol à tant de titres, qu'il est difficile de ramener à quelques types des modes de tenure si multipliés et si divers. »

Ce sont ces droits incertains, non définis, sujets par

conséquent à contestation, quant à leur exercice, qu'il s'agit de transformer en droits de propriété réelle, incommutable.

Quant aux arguments tirés de la capitulation, ils n'ont jamais été sérieux. Le général Duvivier, dont nous n'avons pas vu, à notre grand étonnement, l'opinion reproduite dans les nombreux documents publiés sur cette question, y avait répondu par avance par des raisons péremptoires, que nous croyons devoir reproduire :

« Les indigènes ne déduisent la continuation de leur » droit de propriété, que de la capitulation de juillet » 1830, par laquelle la France a bien voulu renoncer au » droit de propriété générale et absolue, qu'elle tirait sans » réplique du fait de la conquête. Cette capitulation, vu » les infractions immédiates de toutes les populations qui » l'ont déchirée, qui l'ont répudiée, n'a survécu et ne » survit que pour la ville d'Alger et pour sa banlieue » exclusivement étroite, arrêtée au point où commen- » çaient les limites des terrains tenus par les tribus du » dehors. Au-delà de ces limites, la guerre a effacé les » droits des propriétaires indigènes et les a fait passer au » gouvernement français.....

» Ainsi, à Bône, les habitants, en 1831, en massa- » crant une garnison française, ont rompu tout ce qui » pouvait avoir eu lieu auparavant. Tels sont les prin- » cipes légaux qui, dominant toutes ces questions de » propriété, offriront le seul fil à suivre pour retirer » l'Etat et la question de colonisation en Afrique du » dédale d'obstacles dans lesquels ils sont jetés.....

» En ramenant la question à ses véritables bases, le » gouvernement est encore fort et puissant pour se débar-

» rasser de tous les obstacles d'arguties dont on a voulu
» l'envelopper. Il peut marcher dans telle voie d'établisse-
» ment qu'il reconnaîtra bonne, sans crainte d'être entravé
» par ces obstacles dépourvus de puissance légale. »

En définitive, les débats sur cette affaire de cantonnement paraissent clos aujourd'hui, et S. Exc., M. le Maréchal duc de Malakoff présidant le Conseil Supérieur, lors
de sa dernière session, a exposé, avec cette lucidité d'expressions qui lui est propre, le véritable état de la question. Voici une partie de cet important document :

« La plupart des discussions qui ont lieu sur le cantonnement des tribus, me paraissent reposer sur des malen-
tendus. On prête aux indigènes des droits et une nationalité, auxquels ils n'ont jamais songé. Aujourd'hui même,
les tribus sont étrangères aux doctrines qui ont cours sur
la propriété du sol, affecté à leurs labours et au pacage
de leurs troupeaux.

Sous le Gouvernement turc, les tribus algériennes étaient
à la merci du Dey, qui les plaçait et déplaçait au gré de
sa politique ou d'après les nécessités du commandement
et de la police du pays. Des garanties ? il n'y en avait pas
plus pour les biens que pour les personnes ; à ce régime,
le seul que les tribus puissent invoquer dans le passé,
si loin que remonte leur histoire, le gouvernement français veut faire succéder un état de choses stable et régu-
lier : le projet de décret n'a pas d'autre but.

La nationalité des Arabes n'existait pas plus que les
droits collectifs de propriété, qu'on leur attribue avec
des définitions puisées dans des codes et dans des juris-
prudences, qui n'ont pas été faits pour eux et qu'ils ne
connaissent pas.

Chaque tribu formait une agglomération particulière, souvent en guerre avec l'agglomération voisine qu'elle pillait, quand l'occasion s'en présentait. A part les représailles exercées ou des révoltes partielles contre le pouvoir, la vie politique se renfermait dans le cercle de quelque marché.

Dans les argumentations, on est trop radical. On se met trop au point de vue des idées et des coutumes des nations policées. On oublie que les peuples ont des âges comme les individus ; que la société arabe est dans l'enfance ; que ses instincts sont guerriers, qu'elle recourt volontiers aux armes ; qu'elle supporte avec impatience notre domination ; que les lois, pour être justes, doivent être en rapport avec le degré de lumière des hommes auxquels elles s'appliquent. On oublie aussi que nous sommes très-réellement des envahisseurs, et que ce n'est pas l'appareil de nos tribunaux qui empêche les Arabes de voir en nous autre chose que des hôtes incommodes, qu'ils se hâteraient de jeter à la mer, s'ils n'étaient contenus par une main ferme, investie, vis-à-vis d'eux, de pouvoirs pour ainsi dire discrétionnaires. Enfin, on ne réfléchit pas assez que ce n'est jamais à l'aide des procédés ordinaires, que l'on pose les assises premières d'une société. L'histoire de tous les peuples est là pour l'attester.

Au lieu de s'appesantir et de discuter sur des nuances de forme, il faut dire : l'Algérie renferme près de vingt millions d'hectares. Elle n'a que trois millions d'habitants. La propriété y est généralement sans valeur, frappée d'immobilité, de main-morte. D'immenses parties du territoire sont incultes, couvertes de bois ou de broussailles, composées de terres vagues qui, à toutes les épo-

ques et dans toutes les législations, ont été considérées comme vacantes et sans maîtres. La population souffre de cette situation digne des temps barbares qui lui ont donné naissance, et dont elle perpétue la durée : nous lui devons un meilleur sort.

Il faut dire encore : tout nous commande de fixer en Algérie une population européenne nombreuse et forte, d'abord, pour transformer le sol ; ensuite, pour le conserver. L'effectif de l'armée ne pourra pas toujours être maintenu à son chiffre actuel. Il faut prévoir le jour où il aura diminué et mettre, dès-lors, nos établissements en état de se défendre eux-mêmes, aussi bien contre des attaques extérieures que contre des soulèvements intérieurs. Pour cela, il n'est pas indifférent que la population européenne soit placée au hasard : il faut qu'elle occupe les points stratégiques, les grandes voies de communication, et qu'elle s'y développe avec sécurité et liberté.

Et comme il peut y avoir place pour tout le monde, sans sacrifier absolument aucun intérêt à un autre, il faut, de toutes les exigences qui se produisent, faire une cote mal taillée ; donner, en père de famille, la terre à celui qui est à même d'en tirer parti ; en assurer la propriété incommutable à celui qui a déjà su la mettre en valeur ; à défaut, offrir de justes compensations ; faire entrevoir à chacun les moyens d'améliorer sa situation, en se défiant, toutefois, des velléités cupides qui s'agitent autour de l'Administration. Enfin, il importe d'atteindre ces résultats par les moyens les plus simples, les plus expéditifs et les plus économiques : ceux-là seront toujours les plus justes. »

Après la solennité d'une pareille déclaration, il ne nous reste plus qu'à faire des vœux pour que l'Empereur, en sanctionnant les doctrines de son lieutenant, rouvre à deux battants les portes de la colonisation de l'Algérie, à peu près fermées faute de terres disponibles.

IX.

LE CANTONNEMENT DEVANT LE CORPS LÉGISLATIF.

Lorsque feu M. Desjobert faisait entendre périodiquement, du haut de la tribune de l'ancienne chambre des Députés, son *delenda Carthago* contre l'Algérie, pas n'était besoin de relire deux fois son discours pour savoir à quoi s'en tenir sur les convictions du représentant de la Seine-Inférieure.

Nous avons été tout naturellement amenés à évoquer ce souvenir en lisant, naguère, un discours plein d'érudition, prononcé au Corps Législatif par M. le baron David, mais dans lequel la question algérienne nous paraît avoir été traitée d'une façon par trop énigmatique.

Nous avons cru d'abord au retour de cette vieille tactique parlementaire, qui consistait à remettre chaque année le même thème en discussion, *conservation ou abandon de l'Algérie, occupation restreinte*, etc., etc. Et pourquoi n'en ferions-nous pas l'aveu ? Nous avons pris l'honorable député de la Gironde, pour un disciple de l'école Desjobert, tant il mettait de vivacité dans l'articulation de ses griefs.

Mais, en y réfléchissant bien, nous nous sommes dit qu'il était impossible qu'un officier qui avait servi avec distinction en Algérie, au temps de la conquête, n'éprouvât pas pour ce beau pays cette chaude sympathie, cet entraînement qui n'a jamais abandonné ses frères d'armes, sentiments qui font que l'on peut bien, à un moment donné, quitter l'Algérie sans regret, mais qu'on la regrette bien vite quand on l'a quittée.

Un des griefs de M. David contre l'Algérie, c'est qu'elle coûte plus qu'elle ne rapporte, témoin le bilan qu'il dresse des dépenses et des recettes de la Colonie, et duquel il résulte un excédant de dépenses de 63,076,533 francs ; or, ce chiffre représente, à peu de chose près, les dépenses militaires pour l'entretien d'une armée de 66,164 hommes et 15,896 chevaux et mulets.

Cette manière de grouper les chiffres du budget de l'Algérie ne nous a jamais paru bien rationnelle : nous ne savons, en vérité, pourquoi l'on s'obstine à faire figurer au compte de la colonisation le coût de l'armée d'Afrique, chargée de veiller, au dedans comme au dehors, à la conservation d'une terre définitivement française, dont la superficie est égale aux deux tiers de la France, de même que l'armée métropolitaine est chargée de protéger la France, au dedans comme au dehors.

Cette situation budgétaire ne saurait donc nous inspirer le découragement dont M. David se sent pris. Bien plus, nous croyons que la France n'a rien regretté des sacrifices qu'elle a faits de ce côté, lorsque, l'honneur de son drapeau étant engagé, elle a pu lancer sur les champs de bataille de Crimée, d'Italie, de Chine, du Mexique, ses héroïques enfants de l'armée d'Afrique, mieux aguerris que leurs frères d'Europe; mais, surtout, mieux préparés pour lutter contre des influences climatériques, loin du ciel de la patrie.

Le député de la Gironde démande-t-il, après cela, la réduction de l'effectif de l'armée d'Algérie? Non, il déclare cette réduction impossible; mais, en revanche, il affirme que les colons ne viendront pas en Algérie, tant qu'il y existera une armée de 65,000 hommes, il n'y aura pas de colonisation spontanée. . . . . Si vous pouviez retirer de l'Algérie 30,000 soldats, vous y verriez arriver immédiatement 100,000 colons.

» Les villages restent déserts, et la population, qui s'est accrue de 50,000 habitants, de 1849 à 1856, ne s'est accrue que de 33,000 de 1856 à 1861.

» Après avoir fait passer 200,000 Indigènes dans les attributions de l'Autorité civile, celle-ci a été impuissante à les administrer et a été obligée de prier l'Autorité militaire d'en conserver la direction.

» Dans la province d'Oran, on n'a pu obtenir le paiement de l'impôt, et on a été obligé de le réduire dans la province de Constantine. »

Le point de départ de M. le baron David et celui de l'Administration actuelle de l'Algérie sont bien différents : il réveille l'antagonisme, tandis que celle-ci cherche à l'éteindre.

M. le baron David ne paraît pas avoir lu, sur ce sujet, la remarquable circulaire de M. le Gouverneur-Général du 16 avril 1861, insérée au *Bulletin officiel du Gouvernement Général de l'Algérie* :

« L'unité est le premier besoin de l'Administration de ce pays : sans l'unité, rien de stable, rien de suivi, rien de possible ; l'unité ne peut être que le résultat d'une émulation de zèle et de dévouement entre tous les agents, qui sont appelés à concourir à l'œuvre de la colonisation, qu'ils appartiennent aux rangs de l'armée ou à l'ordre civil.

» Admettre un antagonisme possible entre ces deux éléments de l'Administration, c'est vouloir perpétuer une erreur, un préjugé d'un autre temps : moins que jamais, aujourd'hui, il aurait sa raison d'être. Le Gouvernement de l'Algérie a une mission essentiellement civile, il ne déviera point de ce but entre mes mains.

» La centralisation des pouvoirs en Algérie n'a pas été instituée à d'autres fins, que de faire converger tous les moyens d'action vers le but à atteindre. Je demande et j'exige que le même esprit anime tous ceux qui sont appelés à participer à l'œuvre. C'est par la bonne entente, par le concours de toutes les volontés, que nous répondrons aux vues magnanimes de l'Empereur sur l'Algérie, et que nous procurerons à ce pays, régénéré par nos institutions, tout le bien qu'il a le droit d'attendre de nous. »

Mais, pour revenir au thème de M. David, est-il vrai qu'il y ait une telle incompatibilité entre l'armée et la population européenne, que la présence de l'une soit une raison de l'absence de l'autre ? Ce fait serait inexplicable, et il faudrait des preuves bien évidentes pour l'admettre. Or, les preuves établissent, au contraire, que l'époque où le mouvement de la population a été le plus actif, a été celle où l'armée était le plus considérable,

Ainsi, de 1842 à 1848, l'augmentation n'a pas été de moins de 77,727 habitants, tandis qu'elle n'a été que de 52,000 dans la période correspondante de 1852 à 1858, où l'effectif de l'armée est descendue de 106,000 hommes à 65,000.

Nous nous déclarons très-hautement partisans des institutions civiles, que l'opinion publique réclame, d'ailleurs, comme base essentielle de la colonisation ; mais nous déclarons en même temps, sans crainte d'être démentis par personne, que les reproches adressés à l'Administration militaire, que certains esprits présentent comme un obstacle à la colonisation, sont dénués de toute espèce de fondement. Nous allons plus loin et nous disons que, lors de la création des centres de population, les colons administrés par l'Autorité militaire étaient réellement en meilleure position que ceux des territoires civils.

A l'arrivée des colons, il n'est pas de soins dont ils ne fussent entourés par l'administration militaire.

Elle leur faisait une concession ;

Elle leur prêtait les bestiaux de l'armée ;

Elle leur avançait des semences ;

L'autorité militaire leur fournissait, en outre, des soldats :

Pour faire les routes ;

Pour les aider à bâtir leurs maisons ;

A défricher leurs champs ;

A faire leurs récoltes, etc.

Et c'est précisément pour avoir fait cela en faveur des colons, que les Gouverneurs Généraux ont été blâmés par des écrivains de l'ordre civil et militaire, prétendant que cet emploi des soldats à des travaux privés était une illégalité.

De plus, est-il bien vrai, comme le dit M. David, que la population agricole s'éloigne des villages de l'Algérie.

Les villages restent si peu déserts, que le nombre des cultivateurs européens a augmenté de dix mille, au moins, depuis le recensement de 1856. Il était de 59,844 en 1856 ; il est de plus de 70,000, d'après le recensement de 1861. Quant à la population totale, elle s'est accrue exactement dans la même proportion de 1856 à 1861, qu'elle l'avait fait dans la période précédente de 1851 à 1856.

Il est regrettable, sans doute, que le mouvement n'ait pas été accéléré ; mais le changement administratif, qui avait transporté à Paris le siége du gouvernement de l'Algérie, ne fut pas favorable à l'accroissement de la population. Ce mouvement a repris une assez grande activité depuis le commencement de l'année 1861 ; et enfin on peut ajouter que la population européenne n'est pas le seul élément d'appréciation de l'activité coloniale, et que 16,000 indigènes employés par les Européens, constituent un avantage marqué à la dernière période recensée.

Ce fait nouveau, qui tend à se développer, est des plus favorables, et il prouve que l'incompatibilité entre les deux races, dont certaines personnes font tant de bruit, n'est pas plus réelle que tant d'autres assertions, à l'usage des adversaires de la colonisation.

Telle était au surplus l'opinion du général Bedeau en 1846 :

« On a prétendu trouver, dans l'histoire du peuple arabe, la preuve de son imperméabilité; on a dit qu'il repoussait nos arts, qu'il méprisait notre bien-être social. Des hommes qui ont vécu avec ce peuple depuis cinq années, ont écrit qu'il nous serait toujours systématiquement hostile; que les préceptes mêmes de sa croyance religieuse le rendaient incapable d'associer ses intérêts aux nôtres; que son abaissement moral exigeait une domination violente, prolongée, l'anéantissement de toutes les influences auxquelles il obéit, l'asservissement de sa pensée, avant qu'on pût espérer faire accepter le germe de notre civilisation progressive.

« J'ai le bonheur de ne partager aucunement ces opinions attristantes. Je ne crois pas à l'imperméabilité du peuple arable, à sa haine pour nos arts et notre bien-être social, parce que je trouve dans son histoire même, dans les traces si nombreuses de ses arts importés et appliqués en Europe, la cause de ma conviction. »

Il n'est pas plus exact que l'autorité civile ait été obligée de rendre à l'autorité militaire les populations indigènes, dont la remise lui a été faite en 1860. Ces populations sont administrées avec la même facilité qu'auparavant, l'impôt est perçu partout intégralement, sauf les dégrèvements nécessités par les mauvaises récoltes (le territoire civil n'en est pas plus à l'abri que le territoire militaire), et les indigènes font preuve, sous la main bienveillante de l'une et de l'autre autorité, de la plus grande aptitude à être administrés.

S'il ne faut pas toucher à l'armée, il ne faut pas toucher non plus aux Bureaux Arabes, dont M. le baron

David a fait partie, ce qui lui a permis d'apprécier les services qu'ils rendent au pays et que personne ne conteste ; mais nous ne voudrions pas qu'il contestât, de son côté, l'excellente institution des Bureaux Arabes civils et, surtout, qu'il trouvât ridicule que l'Administration civile eût prescrit aux chefs de ces bureaux de ne se présenter qu'en uniforme au sein des tribus, qui n'ont eu affaire, jusqu'ici, qu'avec des officiers, et sur lesquelles on comprend que le prestige de l'uniforme ait encore son utilité.

S'il est un reproche que l'on puisse adresser au discours de M. David, c'est assurément celui de manquer de logique. Ainsi, après avoir prodigué des éloges mérités aux Bureaux Arabes, il se plaint des exactions des chefs indigènes, oubliant que les actes de ces chefs sont placés sous la surveillance immédiate des Bureaux Arabes et que, signaler les abus, c'est signaler l'insuffisance du contrôle.

C'est pour mettre un terme à cet état de choses que le nouveau Gouvernement-Général a fait préparer un projet de décret, à l'effet de substituer aux impôts arabes actuels la contribution foncière, avec les modes de perception pratiqués en pareille matière, c'est-à-dire, le versement direct de la contribution dans la caisse du receveur.

Toutefois, nous ne pouvons nous empêcher de faire observer, à ce sujet, que si, au point de vue des règles austères de notre comptabilité publique, les actes des chefs indigènes sont sujets à bien des critiques, ces hommes, en définitive, qui, pour la plupart, ont versé leur sang pour notre cause, et qui n'hésitent jamais à monter à cheval pour suivre le drapeau de la France, semblaient mériter d'être traités avec plus de ménagement par un ancien officier des affaires arabes, qui les a vus de trop près pour n'avoir pas apprécié l'utilité du concours qu'ils prêtent à l'Administration française.

M. le baron David appelle de tous ses vœux le règne de la légalité en Algérie, et, à ce titre, il semblait que le projet de sénatus-consulte, dont le Sénat est saisi, aurait dû trouver grâce devant lui : il n'en est rien, il ne le croit bon ni pour l'Empereur ni pour l'Algérie.

Le projet de décret sur le cantonnement ne le satisfait pas davantage. Selon lui, le projet est tardif ; l'État s'est déjà livré à de nombreuses dépossessions illégales ; la loi du 17 juin 1851 n'est point exécutée.

Quand M. le baron David dit qu'il choisira un exemple entre cent, à l'appui de son assertion, il ne fait voir là qu'une façon de parler, car nous le mettons au défi de prouver qu'il y ait eu en Algérie, sous l'empire de la loi de 1851, plus de huit tribus cantonnées, et nous ne pensons pas qu'il y en ait deux depuis l'organisation du nouveau Gouvernement Général. L'exemple, du reste, des B. Bechir est mal choisi, car la dépossession de cette fraction de tribu a eu lieu en 1848, pour la création des colonies agricoles décrétées par la Constituante, c'est-à-dire, avant la loi de 1851, sous le ministère et par les ordres de M. de la Moricière, l'un des auteurs de la loi.

Cette dépossession a été accomplie, sous l'empire des idées professées par les Administrateurs civils et militaires, qui s'étaient occupés jusque-là des affaires du pays, idées qui sont énoncées dans le remarquable travail sur la colonisation de la province d'Oran de M. le lieutenant-colonel d'état-major L. de Martimprey, qui accompagnait le projet présenté par le M. général de la Moricière ; on y lit, page 62, à la question des *déplacements :*

« Lorsque, dans cette zône, nous avons comparé le faible chiffre des populations avec la surface considérable des territoires attribués (*melk, sabega ou arch*), nous avons eu lieu de signaler les conséquences désavantageuses de cette disproportion. Elle existe pour presque toutes les tribus de la province. Une combinaison s'offre pour y remédier. Elle consiste à condenser la population de telle tribu sur une portion de son territoire, en appelant sur l'autre portion une population nouvelle, prise soit dans celles qui doivent successivement faire place à la colonie, soit dans l'élément colonial lui-même, lorsqu'il s'agira par exemple de la colonisation routière.

« L'application de ce principe par l'Etat, dans les conditions de rareté de la population, assurera une disponibilité prolongée de terrains à la colonie. Dans les déplacements, il est bien évident, d'après ce qu'il vient d'être dit, qu'il ne sera pas donné aux intéressés, dans leur nouvelle installation, des surfaces égales à celles qu'ils occupaient, mais bien des surfaces réglées d'après leur force numérique, combinée avec les conditions statistiques dans lesquelles ils se trouvent : ce calcul sera facile. »

C'est donc avec juste raison que M. Mercier-Lacombe, qui faisait déjà partie de l'administration supérieure de l'Algérie au temps de M. le général de La Moricière, a pu dire que cet officier-général était grand partisan du cantonnement.

De plus, il est constant, d'après les débats de la loi sur la propriété, que l'art. 14, qui interdit les transactions immobilières au profit des personnes étrangères à la tribu, a été voté sur les instances de M. le général de La Moricière, qui ne voulait pas, *jusqu'à ce que les tribus eussent été profondément modifiées dans leur existence, dans leur vie sociale, que l'on s'introduisît et s'immisçât dans leur sein.* « A ce prix, disait-il, la tribu répond de la sécurité de son territoire, elle se gouverne elle-même, elle s'administre elle-même ; c'est, comme on l'a dit souvent, un gouvernement à forfait : la tribu se gouverne, se régit, garde son territoire et répond de tout ce qui s'y passe ; de plus, elle vous paie un impôt, moyennant que vous lui permettiez de suivre sa religion, de suivre ses pratiques et de vivre au milieu de ses institutions communales et locales. Eh bien ! si vous permettez à des étrangers, appartenant à des religions différentes, de venir s'établir au milieu de cette tribu, de désorganiser cette unité qui a traité avec vous, les conditions de son existence sont rompues. De là, pour l'État, nécessité de s'immiscer dans l'administration de la totalité des tribus ; de là, des dépenses énormes. »

C'est la même pensée qu'avait exprimée, en 1846, le commandant de la province d'Oran par la plume de M. de Martimprey, dans les termes ci-après : « La condition des déplacements successifs a été invoquée comme nécessaire pour empêcher le sol de tomber entièrement en friche. Il est un autre motif pour qu'il en soit ainsi, celui de conserver sur la terre, *jusqu'à ce qu'on l'occupe,* une population qui assume la responsabilité des événements, meurtres ou vols, qui pourraient s'y produire. »

Il faudrait désagréger la tribu, mettre un terme à l'indivision. L'état actuel de la tribu se refuse à toute espèce de progrès. Tel est le vœu de M. David.

Chacun sait que le décret, projeté sur la constitution de la propriété individuelle dans les tribus n'a pas d'autre but que de réaliser les progrès demandés; mais qu'on se garde bien d'exécuter ce décret fatal ! s'écrie M. David. Comme on le voit, l'honorable député de la Gironde n'est pas facile à satisfaire.

La grande préoccupation de M. David, c'est la non-exécution de la loi du 17 juin 1851.

Vainement le Directeur Général des Services civils lui affirme-t-il que la loi est exécutée, il persiste dans son incrédulité. Sans la réserve imposée aux organes du Gouvernement devant la Législature, M. Mercier-Lacombe aurait pu ajouter: oui, la loi est exécutée, et elle l'a été trop longtemps; il est urgent que des dispositions, qui, dans la pensée même de leurs auteurs, ne devaient être que transitoires, soient remplacées par des dispositions mieux appropriées aux besoins de la situation actuelle.

Tout le monde sait, en Algérie, que M. le maréchal Randon avait cru, pendant son gouvernement, le moment venu, et qu'il avait demandé avec instance l'abrogation du fameux article 14 de la loi de 1851, c'est-à-dire, la liberté des transactions en territoire militaire. Le ministère de la Guerre eut le grand tort, à notre avis, de ne pas accéder à cette demande.

Mais, la possibilité et l'opportunité du progrès une fois constatées par un homme d'une aussi haute expérience que M. le maréchal Randon, le Prince, chargé du ministère de l'Algérie, s'empressa, dès son avénement au ministère, de provoquer cette abrogation, et le décret du 16 février 1859 parut. Il fut accueilli avec faveur

par l'opinion publique. Cependant, il est possible, et
même probable, que cette mesure soit au nombre des
innovations que M. David qualifie de prématurées. Elle
fut, du reste, de courte durée ; car, trois mois après,
M. le comte de Chasseloup-Laubat, ministre de l'Algérie
et des Colonies, proposait à l'Empereur d'en suspendre
l'exécution, *jusqu'à ce que la propriété individuelle eût
été reconnue ou constituée.*

La constitution de la propriété individuelle, tel est
donc le but vers lequel convergent tous les efforts des
Administrateurs de l'Algérie, qui ont la conscience de
ses besoins, et, quoiqu'en dise M. David, le but sera
légalement et équitablement atteint par le projet officiel
du cantonnement.

M. David a cru l'occasion bonne pour s'apitoyer sur
le sort des Arabes que, selon lui, l'Administration Algérienne ne traite pas assez paternellement, grief aussi
étrange qu'inattendu, et que l'Administration civile, pas
plus que l'Administration militaire, ne se sont mises,
que nous sachions, dans le cas de mériter. Aussi,
M. Mercier-Lacombe, avec cette connaissance parfaite
des choses du pays, que personne ne possède mieux que
lui, a-t-il pu répondre à son interlocuteur : « que jamais
Gouvernement n'a traité un peuple vaincu avec un sen-
timent plus paternel, avec un désir plus vif de le lancer
dans la voie du progrès ; de se l'assimiler par tous les
moyens bons, humains, honnêtes, que ne l'a fait le
Gouvernement français en Algérie. »

Cette manière de faire est traditionnelle en effet ; elle
l'était déjà en 1846, où M. le général Bedeau était en
mesure d'écrire dans son plan de colonisation de la pro-

vince de Constantine, page 198, qu'il ne faut d'autres preuves de cette extrême bienveillance, « que la totalité des instructions constamment données, depuis cinq années, à la totalité des Commandants Supérieurs. Elle ont toujours recommandé l'exercice des principes d'équité, de justice, de bienfaisance, de sollicitude, dont on pourrait désirer l'accomplissement dans sa propre patrie. »

M. David a terminé ses interprétations sur le cantonnement, en faisant une espèce d'appel à l'opinion publique : « Demain, a-t-il dit, on nous jugera par la lecture du « *Moniteur.* »

Nous ignorons l'effet qu'ont produit, en France, et ces interprétations inspirées par une pensée qui n'apparaît pas bien clairement, et cet exposé de théories administratives, où l'Algérie n'a rien à gagner ; mais, ce que nous pouvons affirmer, après avoir consulté tous les organes de la presse algérienne, c'est que dans toute la Colonie, la voix de M. David est restée sans écho, et que tous les Algériens, à tort ou à raison, ont vu en lui plutôt un adversaire qu'un défenseur de la Colonisation, telle que l'entendent les vrais amis du pays, c'est-à-dire, sans distinction de l'élément européen et de l'élément indigène, ces deux éléments, au contraire, se combinant et s'entr'aidant pour atteindre le but que la France poursuit au prix de tant de sacrifices, l'utilisation du vaste et riche territoire de l'Algérie.

du *Calendrier d'apiculture* [...]
préface avec les observ[...]
beau et le mauvais temp[...]
M. le maréchal Bugeaud, [...]
de l'Algérie, par M. G. Mac-C[...]

Flore de l'Algérie, ou *Catalog[...]*
compagné des descriptions de [...]
peu connues, par G. Munby, colon [...]
planches. Prix :

Catalogus plantarum in A[...]
auctore G. Mosar, in-8°. Pr[...]

[...] de [...] d'[...]
[...]nge des colours de l'Algérie, [...]
MM. Haur, directeur de la Pép[...]
vétérinaire principal de l'Algérie, [...]
[...], Du[...]on, chef de la [...]
[...], Kacer, d'O[...]o et [...]

[...]alogus des Mammifères [...]
servés en Algérie, par le [...]

Flora atlantica (*Flore de l'Atlas* [...])
2 gros in-F°, dont 1 de planches. Pr[...]
(*Épuisé*).

Catalogue des Végétaux et [...]
bles et mis en vente au Jardin d'[...]
(près Alger), pendant l'automne [...]
in-8°.

BULLET[IN]

DE LA

SOCIÉTÉ IMPÉRIALE [...]

RECUEIL DE TOUS LES MÉMOIRES [...]

[...]gnant tous les travaux, par [...]

PRIX DE L'AB[...]

L'an *(rendu franco)* [...]
Le numéro isolé [...]

En 2e trimestre, l'a[...]